MINISTÈRE DE L'INSTRUCTION PUBLIQUE
ET DES BEAUX-ARTS

LE RÉGIME FISCAL DES VALEURS MOBILIÈRES EN FRANCE

PAR

LÉON SALEFRANQUE
LAURÉAT DE L'INSTITUT

(Extrait du *Bulletin des Sciences économiques et sociales du Comité des travaux historiques et scientifiques*, année 1898)

PARIS
IMPRIMERIE NATIONALE

M DCCC XCVIII

LE RÉGIME FISCAL
DES VALEURS MOBILIERES EN FRANCE

MINISTÈRE DE L'INSTRUCTION PUBLIQUE
ET DES BEAUX-ARTS

LE RÉGIME FISCAL
DES VALEURS MOBILIÈRES EN FRANCE

PAR

LÉON SALEFRANQUE

LAURÉAT DE L'INSTITUT

(Extrait du *Bulletin des Sciences économiques et sociales du Comité des travaux historiques et scientifiques*, année 1898)

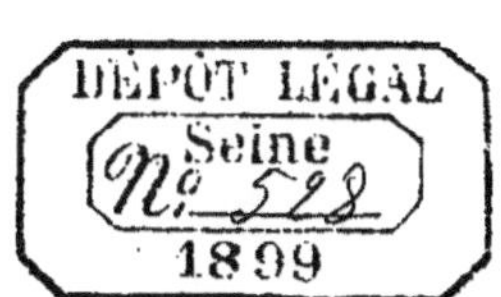

PARIS
IMPRIMERIE NATIONALE

M DCCC XCVIII

LE RÉGIME FISCAL

DES VALEURS MOBILIÈRES EN FRANCE.

Nous ne nous occuperons dans ce mémoire que des valeurs mobilières françaises, remettant à une prochaine étude l'examen des dispositions qui régissent les valeurs étrangères. Nous pourrons d'ailleurs le faire plus utilement lorsque seront intervenues les prescriptions nouvelles dont la discussion est actuellement pendante devant le Parlement.

Les titres des sociétés, des départements, des communes et des établissements publics supportent quatre taxations différentes : le timbre; les droits de transmission; la taxe sur le revenu; l'impôt sur les opérations de bourse. Les rentes sur l'État et les autres valeurs du Trésor ne sont assujetties qu'à celui-ci [1].

I. — Timbre.

Considérés comme effets négociables, les titres émis antérieurement au 1er janvier 1851 s'étaient trouvés assujettis au timbre proportionnel dans les mêmes conditions que ces effets. À partir de cette date, le régime de ces titres a été réglé par la loi du 5 juin 1850, qui distingue, au point de vue de l'application du timbre, entre les actions et les obligations.

§ 1er. *Actions.*

Aux termes de l'article 14 de la loi du 5 juin 1850, chaque titre ou certificat d'action dans une société, compagnie ou entreprise quelconque, financière, commerciale, industrielle ou civile, que l'action soit d'une somme fixe ou d'une quotité, qu'elle soit libérée ou non libérée, est assujetti à un droit de timbre proportionnel de 0 fr. 50 par 100 francs de capital nominal, pour les sociétés, compagnies ou entreprises dont la durée

[1] L'assujettissement des rentes sur l'État à l'impôt, soit dans les mêmes conditions que les autres valeurs mobilières, soit seulement quant à la taxe sur le revenu, a donné lieu, au cours de la dernière législature, à des discussions intéressantes aussi bien dans le Parlement que dans la presse.

Nous rappellerons notamment le tournoi qui a eu lieu sur cette question entre M. Léon Say et M. Fernand Faure dans la *Revue politique et parlementaire* (1895, tome IV, page 401, et tome V, page 18).

ne doit pas excéder dix ans, et à 1 franc par 100 francs pour celles dont la durée doit dépasser dix années [1].

Ces quotités se sont trouvées respectivement portées à 0 fr. 60 p. 0/0 et 1 fr. 20 p. 0/0 par suite de l'addition de deux décimes au principal de l'impôt par l'article 2 de la loi du 23 août 1871.

A défaut de capital nominal, le droit se calcule sur le capital réel, dont la valeur est déterminée d'après les règles établies par les lois sur l'enregistrement, c'est-à-dire d'après une déclaration estimative des parties ainsi que le prévoit l'article 16 de la loi du 22 frimaire an VII.

L'avance de l'impôt est faite par la compagnie, quels que soient ses statuts.

La perception du droit suit les sommes de 20 francs en 20 francs inclusivement et sans fractions.

Les titres ou certificats d'action délivrés par suite de transfert ou de renouvellement, sont timbrés sans payement d'un nouveau droit, lorsque les titres ou certificats primitifs ont acquitté l'impôt. Il en est de même des certificats donnés par les compagnies en représentation de titres au porteur, quand les titres qu'ils représentent ont été soumis également au timbre.

Mais la formalité au comptant est rarement réclamée par les sociétés, compagnies ou entreprises, celles-ci pouvant s'affranchir des obligations que nous venons de noter en contractant avec l'État un abonnement pour toute la durée de la société.

Le droit d'abonnement est annuel; sa quotité est de 0 fr. 05 par 100 fr. du capital nominal de chaque action émise; à défaut de capital nominal, de 0 fr. 05 par 100 francs du capital réel, dont la valeur est déterminée d'après les règles établies par les lois sur l'enregistrement. Par suite de l'addition des décimes, cette quotité est de 0 fr. 06 p. 0/0, quelle que soit l'époque à laquelle l'abonnement a été contracté.

Le payement du droit est effectué, à la fin de chaque trimestre, au bureau de l'enregistrement du lieu où se trouve le siège de la société, de la compagnie ou de l'entreprise.

Les sociétés, compagnies ou entreprises qui, postérieurement à leur abonnement, n'ont, dans les deux dernières années, payé ni dividendes, ni intérêts, sont dispensées d'acquitter le droit d'abonnement tant qu'il n'y a pas de répartition de dividendes ou de payement d'intérêts. Cette dispense cesse dès que la société répartit un dividende ou paye des intérêts; elle doit alors reprendre le service de l'abonnement à compter de l'exercice qui a produit les bénéfices et acquitter le droit annuel en entier pour cet exercice. La société doit, dans tous les cas, l'impôt pour les deux

[1] Dans le cas de prorogation de sociétés constituées pour une durée de dix années, les titres doivent être timbrés à nouveau.

années d'épreuve; ce n'est qu'à l'expiration de ces deux années que la dispense lui est acquise.

Les sociétés qui, depuis leur abonnement, se sont mises ou ont été mises en liquidation, sont également dispensées du payement du droit.

Les *Comptes définitifs des recettes* rendus annuellement par le Ministre des finances, mentionnent seulement le chiffre global des droits de timbre perçus sur les valeurs mobilières; ils ne distinguent ni suivant la nationalité des titres (français ou étrangers), ni suivant leur nature (actions ou obligations); ils ne font pas état séparément des droits selon que ces droits sont payés au comptant ou par abonnement.

Cependant, depuis 1875, les écritures du Trésor permettent d'effectuer à cet égard les ventilations nécessaires, ainsi qu'il appert des tableaux publiés à différentes reprises dans le *Bulletin de statistique et de législation comparée* du Ministère des finances. C'est à ces tableaux que nous emprunterons les chiffres de détail nécessaires à nos comparaisons. Nous relèverons les résultats des périodes quinquennales qui forment le cycle de vingt années compris entre les deux années extrêmes connues (1875 et 1896). Nous rapprocherons également, afin de mieux fixer le mouvement des droits perçus et de la matière imposable que nous en déduirons chaque fois que cette opération sera possible, les résultats de ces deux années extrêmes en prenant pour terme intermédiaire l'année 1882 qui fournit les chiffres les plus élevés au cours de la période examinée (c'est l'année du krach).

Nous grouperons les résultats réalisés, successivement pour les droits au comptant et les droits par abonnement; ensuite, pour l'ensemble.

I. — Droits de timbre, au comptant, sur les actions des sociétés.

PÉRIODES.	PRODUITS ENCAISSÉS PAR LE TRÉSOR.		ANNÉE DE CHAQUE PÉRIODE.			
			LA PLUS FORTE.		LA PLUS FAIBLE.	
	PENDANT LA PÉRIODE considérée.	MOYENNE annuelle.	ANNÉES.	PRODUITS.	ANNÉES.	PRODUITS.
	francs.	francs.		francs.		francs.
1876-1880....	447,100	89,400	1880	333,600	1878	21,400
1881-1885....	149,900	30,000	1881	41,100	1883	20,300
1886-1890....	166,300	33,300	1888	57,400	1890	22,200
1891-1895....	164,650	32,900	1894	43,000	1895	29,200

II. — Droits de timbre par abonnement sur les actions des sociétés.

PÉRIODES.	PRODUITS ENCAISSÉS PAR LE TRÉSOR.		ANNÉE DE CHAQUE PÉRIODE.			
			LA PLUS FORTE.		LA PLUS FAIBLE.	
	PENDANT LA PÉRIODE considérée.	MOYENNE annuelle.	ANNÉES.	PRODUITS.	ANNÉES.	PRODUITS.
	francs.	francs.		francs.		francs.
1876-1880.	16,439,000	3,297,800	1880	3,982,600	1877	3,003,700
1881-1885.	27,214,700	5,442,900	1882	5,962,600	1885	4,970,100
1886-1890.	21,737,800	4,347,600	1886	4,702,200	1889	4,109,400
1891-1895.	22,907,300	4,581,600	1893	5,020,900	1891	4,225,400

III. — Droits de timbre de toute catégorie sur les actions des sociétés.

PÉRIODES.	PRODUITS ENCAISSÉS PAR LE TRÉSOR.		ANNÉE DE CHAQUE PÉRIODE.			
			LA PLUS FORTE.		LA PLUS FAIBLE.	
	PENDANT LA PÉRIODE considérée.	MOYENNE annuelle.	ANNÉES.	PRODUITS.	ANNÉES.	PRODUITS.
	francs.	francs.		francs.		francs.
1876-1880.	16,886,100	3,377,200	1880	4,316,200	1877	3,034,300
1881-1885.	27,364,600	5,472,900	1882	6,033,200	1885	4,994,900
1886-1890.	21,904,100	4,380,800	1886	4,726,500	1889	4,138,000
1891-1895.	23,272,200	4,654,400	1893	5,053,200	1891	4,254,800

Comparées à 1882, les années extrêmes connues accusent les résultats suivants :

	DROITS au COMPTANT.	DROITS par ABONNEMENT.	TOTAUX.
	francs.	francs.	francs.
1875...............	57,600	2,949,200	3,006,800
1882...............	40,600	5,962,600	6,033,200
1896...............	27,800	4,524,700	4,552,500

Par suite de l'application de tarifs différents, les capitaux taxés ne peuvent être exactement calculés pour les actions qui ont acquitté l'impôt au comptant. C'est d'ailleurs, on le voit, le très petit nombre.

Les capitaux soumis à l'abonnement ressortent aux chiffres ci-après pour les trois années considérées :

	CAPITAUX TAXÉS.
	millions de francs.
1875	4.915.3
1882	9.937.6
1896	7.541.2

Ces chiffres démontrent que le capital-action a suivi de 1875 à 1882 une marche ascensionnelle constante, se traduisant par un accroissement de 50 p. 100; mais, après des fluctuations plus ou moins importantes, cette avance n'est plus, en 1896, que de 43 p. 100. Entre 1882 et 1896, le décroissement est de 28 p. 100.

§ 2. *Obligations.*

L'article 27 de la loi du 5 juin 1850 assujettit les titres d'obligations souscrits, depuis le 1er janvier 1851, par les départements, les communes, les établissements publics ou d'utilité publique, ainsi que par les sociétés, sous quelque dénomination que ce soit, au timbre proportionnel de 1 p. o/o du montant du titre. Cette quotité est actuellement de 1 fr. 20 pour cent, à raison de l'adjonction de deux décimes au principal de l'impôt par la loi de 1871, ainsi que nous l'avons vu à propos des actions.

Ces dispositions ne s'appliquent qu'aux obligations négociables, susceptibles d'être cotées à la Bourse. Elles laissent en dehors de leur action, d'une part, les obligations dont la cession n'est parfaite à l'égard des tiers qu'au moyen des conditions déterminées par l'article 1690 du Code civil; et, d'autre part, celles qui ont le caractère d'effets de commerce.

L'avance du droit est faite par les départements, communes, établissements publics et sociétés.

La perception suit les sommes de 20 francs en 20 francs inclusivement et sans fraction.

Le droit étant dû sur le montant des titres d'obligations, doit être liquidé en prenant pour base non le prix d'émission de ces titres, mais la somme qui y est portée comme devant être remboursée par le débiteur, quels que soient d'ailleurs le mode de remboursement et les chances aléatoires qui pourraient s'y rattacher.

Les départements, communes, établissements publics et sociétés peuvent s'affranchir du payement des droits au comptant en contractant avec l'État un abonnement pour toute la durée des titres.

Le droit est annuel. Fixé à 0 fr. 05 par 100 francs du montant de chaque titre par l'article 31 de la loi de 1850, il est aujourd'hui de 0 fr. 06

pour o/o avec les décimes de 1871, quelle que soit l'époque à laquelle l'abonnement ait été contracté.

Le payement de l'abonnement est effectué, à la fin de chaque trimestre, au bureau de l'enregistrement du lieu où les départements, communes, établissements publics ou d'utilité publique, et les sociétés ont le siège de leur administration.

Le droit est réglé par trimestre, d'après la durée réelle et le montant de chaque titre. Le droit est dû à l'expiration de chaque trimestre : pour le trimestre entier, sur les titres ayant existé du premier au dernier jour du trimestre; du premier jour du trimestre à la date de l'extinction, sur les titres remboursés au cours du trimestre; du jour de la souscription à la fin du trimestre, sur les titres souscrits pendant le trimestre et non remboursés.

La mise en liquidation ou en faillite d'une société n'éteint pas les obligations qu'elle a émises. Elle laisse par conséquent subsister le droit de timbre d'abonnement exigible sur ces obligations pendant toute leur durée. Ces titres ne bénéficient donc pas de la dispense d'impôt accordée aux actions, ainsi que nous l'avons vu plus haut, dans le cas d'improductivité.

L'abonnement peut être contracté pour les titres antérieurs à la loi de 1850 comme pour les titres postérieurs; tous doivent le même droit annuel.

Nous procéderons pour les obligations aux mêmes constatations que pour les actions.

I. — Droits de timbre, au comptant, sur les obligations des départements, communes, établissements publics ou d'utilité publique et sociétés.

PÉRIODES.	PRODUITS ENCAISSÉS PAR LE TRÉSOR.		ANNÉE DE CHAQUE PÉRIODE.			
			LA PLUS FORTE.		LA PLUS FAIBLE.	
	PENDANT LA PÉRIODE considérée.	MOYENNE annuelle.	ANNÉES.	PRODUITS.	ANNÉES.	PRODUITS.
	francs.	francs.		francs.		francs.
1876-1880....	130,100	26,000	1877	33,700	1878	20,300
1881-1885....	157,300	31,500	1885	53,700	1881	22,500
1886-1890....	243,500	49,700	1887	146,500	1890	18,100
1891-1895....	91,100	18,200	1895	53,800	1894	6,100

II. — Droits de timbre, par abonnement, sur les obligations des départements, communes, établissements publics ou d'utilité publique et sociétés.

PÉRIODES.	PRODUITS ENCAISSÉS PAR LE TRÉSOR.		ANNÉE DE CHAQUE PÉRIODE.			
			LA PLUS FORTE.		LA PLUS FAIBLE.	
	PENDANT LA PÉRIODE considérée.	MOYENNE annuelle.	ANNÉES.	PRODUITS.	ANNÉES.	PRODUITS.
	francs.	francs.		francs.		francs.
1876-1880...	47,442,500	9,488,500	1880	10,024,100	1876	8,943,600
1881-1885...	54,062,000	10,812,400	1885	11,700,100	1881	10,226,300
1886-1890...	62,098,800	12,419,800	1888	12,827,100	1886	11,876,100
1891-1895...	62,650,400	12,530,100	1893	12,741,500	1895	12,280,900

III. — Droits de timbre de toute catégorie sur les obligations des départements, des communes, des établissements publics ou d'utilité publique et sociétés.

PERIODES.	PRODUITS ENCAISSÉS PAR LE TRÉSOR.		ANNÉE DE CHAQUE PÉRIODE.			
			LA PLUS FORTE.		LA PLUS FAIBLE.	
	PENDANT LA PÉRIODE considérée.	MOYENNE annuelle.	ANNÉES.	PRODUITS.	ANNÉES.	PRODUITS.
	francs.	francs.		francs.		francs.
1876-1880...	47,572,900	9,514,600	1880	10,046,900	1876	8,976,500
1881-1885...	54,219,300	10,843,900	1885	11,753,800	1881	10,248,800
1886-1890...	62,342,300	12,468,500	1888	12,848,500	1886	11,904,700
1891-1895...	62,751,500	12,551,300	1893	12,748,800	1895	12,334,700

Comparées à 1882, les années extrêmes connues accusent les résultats suivants :

	DROITS au COMPTANT.	DROITS par ABONNEMENT.	TOTAUX.
	francs.	francs.	francs.
1875.............	28,200	8,633,800	8,662,000
1882.............	26,800	10,407,700	10,434,600
1896.............	6,600	12,569,800	12,576,400

Comme pour les actions, les capitaux taxés ne peuvent, par suite de l'application de tarifs différents, être exactement calculés pour les obligations qui ont acquitté l'impôt au comptant, mais la proportion de ces titres dans l'ensemble de la circulation est de plus en plus insignifiante.

Les capitaux soumis à l'abonnement ressortent aux chiffres ci-après pour les trois années spécialement considérées :

	CAPITAUX TAXÉS.
	millions de francs.
1875	14.389.6
1882	17.346.2
1896	20.950.2

Le capital-obligation accuse une augmentation rapide tant de 1875 à 1882 que de 1882 à 1896; de plus, cette augmentation s'élève d'une façon continue, moins accentuée cependant dans la seconde période que dans la première. L'accroissement est, en effet, de 20.5 p. o/o entre 1875 et 1882; — 20.7 p. o/o entre 1882 et 1896; — 45.5 p. o/o entre 1875 et 1896.

§ 3. *Lettres de gage du Crédit foncier.*

Par dérogation aux prescriptions générales de la loi de 1850, les lettres de gage ou obligations du Crédit foncier n'acquittent, en vertu de la loi organique de cet établissement du 8 juillet 1852, que le tarif applicable aux effets de commerce, soit 50 centimes p. o/oo.

Ce droit peut être perçu par voie d'abonnement annuel. Le droit est assis sur le total des lettres de gage en circulation, suivant le mode réglé pour les obligations en général par la loi de 1850; il est calculé, conformément à la loi du 30 mai 1872, à raison de cinq centimes p. o/oo sur les lettres de gage émises depuis le 24 du même mois, et à raison de deux centimes p. o/oo sur celles émises antérieurement à cette date.

Par suite de l'application de tarifs différents, les capitaux taxés ne peuvent être exactement déduits du montant des droits perçus ni pour le timbre au comptant, ni pour l'abonnement. Nous nous bornerons à rappeler les encaissements du Trésor pour l'une et l'autre catégorie.

PÉRIODES.	PRODUITS ENCAISSÉS PAR LE TRÉSOR PENDANT LA PÉRIODE CONSIDÉRÉE.			ANNÉE DE CHAQUE PÉRIODE. LA PLUS FORTE.		LA PLUS FAIBLE.	
	DROITS au comptant.	DROITS par abonnement.	TOTAL.	ANNÉES.	PRODUITS.	ANNÉES.	PRODUITS.
	francs.	francs.	francs.		francs.		francs.
1876-1880...	//	173,700	173,700	1880	68,000	1876	16,400
1881-1885...	250,000	297,200	547,200	1885	354,000	1882	97,500
1886-1890...	326,500	213,100	539,600	1888	411,500	1890	105,900
1891-1895...	465,000	105,400	570,405	1891	305,400	1894	5,000

Comparées à 1882, les années extrêmes connues accusent les résultats suivants :

	DROITS de toute CATÉGORIE.
	francs.
1875	38,800
1882	97,500
1896	501,200

Cette augmentation résulte notamment de cette circonstance que le Crédit foncier fait, depuis quelques années, timbrer au comptant les nouvelles lettres de gages émises par lui. Les chiffres de 1875 et de 1882 se rapportent uniquement à des droits acquittés par abonnement; ceux de 1896, à des droits au comptant. Cette dernière année présente justement le chiffre le plus élevé qui ait été constaté jusqu'ici.

S. 4. *Résultats généraux.*

Dans l'ensemble, les droits de timbre sur les valeurs mobilières françaises accusent les résultats ci-après, pour les trois années considérées :

	DROITS au COMPTANT.	DROITS par ABONNEMENT.	TOTAUX.
	francs.	francs.	francs.
1875	85,800	11,621,800	11,707,600
1882	67,400	11,467,900	16,535,300
1896	535,600	17,104,500	17,630,100

L'accroissement est de 41.2 p. o/o entre 1882 et 1875; — de 6.6 p. o/o seulement, entre 1896 et 1882. — Il se fixe à 50.5 p. 100 entre 1875 et 1896, années extrêmes considérées.

II. — Droits de transmission.

En fixant le tarif des droits de timbre applicables aux actions et obligations. la loi du 5 juin 1850 avait statué qu'au moyen du payement de ces droits, les cessions qui seraient faites de ces titres demeureraient exemptes de tout droit et de toute formalité d'enregistrement.

Ces titres ne devaient pas bénéficier longtemps de cette disposition et, dès 1857, intervenait la loi du 23 juin qui, faisant une première brèche au système de 1850, établissait à partir du 1er juillet de la même année un droit de transmission sur les valeurs des sociétés.

Aux termes de l'article 6 de la loi du 23 juin 1857, toute cession de titres ou promesses d'actions ou d'obligations dans une société, compagnie ou entreprise quelconque financière, industrielle, commerciale ou civile, quelle que soit la date de sa création, est assujettie à un droit de transmission calculé sur la valeur négociée. Cette formule exclut par cela même les cessions qui résultent non de mutations à titre onéreux, mais de donations ou de successions. Celles-ci demeurent assujetties au droit commun.

Cette disposition a été rendue applicable par l'article 11, § 2 de la loi du 16 juin 1871 aux obligations des départements, communes et établissements publics, ainsi qu'aux lettres de gage du Crédit foncier.

Dans ces conditions, non seulement tous les titres négociables d'actions ou d'obligations auxquels s'appliquait la loi de 1850 se sont trouvés assujettis au droit de transmission, mais ceux dont la cession s'opère dans la forme civile, et notamment par acte public ou sous seing privé, ont été atteints par l'impôt, la loi de 1857 ne reproduisant pas les exceptions que contenait celle de 1850.

La loi fiscale distingue, au point de vue de l'application des droits de transmission, entre les titres nominatifs, que ces droits atteignent lors du transfert qui en est opéré, et les titres au porteur, pour lesquels ces droits sont remplacés par une taxe annuelle.

Nous examinerons successivement les dispositions qui régissent l'une et l'autre catégorie.

§ 1er. — *Titres nominatifs.*

Sont seuls assujettis au droit de transmission, lors du transfert qui en est effectué, les titres dont la mutation ne peut s'opérer que par une déclaration de transfert inscrite sur un registre tenu au siège social, ainsi que le prescrit, pour les actions, l'article 36 du Code de commerce et que le prévoit, pour les obligations, l'article 8 de la loi de 1857.

Fixé à 20 centimes par 100 francs de la valeur négociée par l'article 6 de ladite loi, puis à 50 centimes par l'article 11 de la loi du 16 septembre 1871, avec addition de décimes dans l'un et l'autre cas, le droit de transfert a été réglé, en dernier lieu, par l'article 3 de la loi du 29 juin 1872, à 50 centimes p. 0/0, sans décimes.

Le droit est perçu au moment du transfert, pour le compte du Trésor, par les sociétés, compagnies ou entreprises, qui en sont constituées débitrices par le fait du transfert et en acquittent le montant au bureau de l'enregistrement du siège social, après l'expiration de chaque trimestre et dans les vingt premiers jours du trimestre suivant.

Dans les sociétés qui admettent le titre au porteur, la conversion des titres nominatifs en titres au porteur ainsi que celle de ces derniers en titres nominatifs, donnent également lieu à la perception du droit de transfert qui est réglé à la même quotité et acquitté dans les mêmes conditions.

§ 2. — *Titres au porteur.*

L'article 6 de la loi du 20 juin 1857 dispose, dans un deuxième paragraphe, que le droit de transmission est converti, pour les titres au porteur et pour ceux dont la transmission peut s'opérer sans un transfert sur les registres de la société, en une taxe annuelle et obligatoire calculée sur le capital desdites actions et obligations, évalué par leurs cours moyens pendant l'année précédente, et, à défaut de cours pour cette année, conformément aux règles établies par les lois sur l'enregistrement, c'est-à-dire d'après la déclaration estimative des parties ainsi que le veut l'article 16 de la loi du 22 frimaire an VII.

La taxe annuelle est donc exigible tant sur les titres au porteur que sur les titres nominatifs transmissibles par endossement, ou encore par acte public ou sous seings privés, ou dont le mode de transmission n'a pas été déterminé par les statuts, les actions pouvant être cédées par tous les moyens usités en matière civile ou commerciale, par acte public, sous seing privé, endossement, etc.

Fixée à 12 centimes p. o/o en 1857, puis à 15 centimes p. o/o en 1871, la taxe annuelle fut portée, toujours avec addition des décimes, à 25 centimes par la loi du 30 mars 1872. L'article 3 de la loi du 29 juin 1872 l'a réglée, en dernier lieu, à 20 centimes p. 100, sans décimes.

Les *Comptes définitifs des recettes* mentionnent, pour chaque exercice, les encaissements du Trésor, d'une part pour les droits de transfert, d'autre part pour la taxe annuelle de transmission, en distinguant entre les actions et les obligations [1]. Nous procéderons, en suivant ces distinctions, aux mêmes constatations que celles que nous avons effectuées plus haut pour le timbre. Nous ferons porter les rapprochements sur les mêmes périodes et les mêmes années; nous demeurerons d'ailleurs ainsi sous l'empire d'une législation uniforme.

I. — Droits de transmission sur les transferts et conversions d'actions nominatives.

PÉRIODES.	PRODUITS ENCAISSÉS PAR LE TRÉSOR.		ANNÉE DE CHAQUE PÉRIODE.			
			LA PLUS FORTE.		LA PLUS FAIBLE.	
	PENDANT LA PÉRIODE considérée.	MOYENNE annuelle.	ANNÉES.	PRODUITS.	ANNÉES.	PRODUITS.
	francs.	francs.		francs.		francs.
1876-1880..	14,500,000	2,900,000	1880	5,359,900	1877	1,981,300
1881-1885..	25,181,500	5,036,300	1881	9,413,800	1885	2,134,000
1886-1890..	11,602,300	2,320,500	1890	2,863,200	1887	1,964,800
1891-1895..	12,625,800	2,525,200	1891	2,705,800	1895	2,315,100

[1] Dans certains comptes, le produit des droits perçus sur les conversions de titres nominatifs en titres au porteur et réciproquement apparaît séparément. Il est regrettable que cette distinction n'ait pas été maintenue depuis 1872.

Comparées à 1882, les années déjà considérés accusent les résultats ci-après :

	CAPITAUX TAXÉS.	DROITS DE TRANSMISSION.
	francs.	francs.
1875	434,271,700	2,171,300
1882	1,449,958,600	7,249,800
1896	403,430,700	2,017,200

Pour cette catégorie de titres, le maximum a été obtenu, en 1881, avec 9,413,800 francs, correspondant à 1,882 millions 8 de capitaux taxés. Les résultats de 1896 sont inférieurs à ceux de 1875; ils restent également au-dessous de toutes les années de la période vicennale considérée.

Mais si nous avons dû, pour toutes les taxes dont nous nous occupons, prendre l'année 1875 comme terme de comparaison le plus éloigné, il ne paraît pas sans intérêt, tout en continuant à procéder ainsi aussi bien en ce qui concerne les droits de transmission que les autres droits afin d'assurer les rapprochements d'ensemble, de choisir dans la période ancienne des termes de comparaison complémentaires permettant de mettre en évidence le mouvement de la matière imposable et de l'impôt depuis l'établissement des droits dont il s'agit.

Les années 1859 et 1869, première et dernière années normales d'application du régime de 1857, paraissent tout indiquées à cet effet.

Voici les chiffres pour les actions nominatives :

	CAPITAUX TAXÉS.	DROITS DE TRANSMISSION.
	francs.	francs.
1859	274,776,100	604,500
1869	589,219,600	1,355,200
1875	434,271,700	2,171,300
1882	1,449,958,600	7,249,800
1896	403,430,700	2,017,200

L'augmentation du capital-action, représenté par des titres nominatifs, se fixe en 1896, par rapport à 1859, à 83.2 p. 0/0, après avoir atteint, en 1882, jusqu'à 427.6 p. 0/0.

Le rendement de l'impôt s'est accru, tant à raison de l'augmentation des capitaux taxés que de l'élévation du tarif, de 70 p. 0/0 en 1896 par rapport à 1859.

II. — Droits de transmission sur les transferts et conversions d'obligations nominatives.

PÉRIODES.	PRODUITS ENCAISSÉS PAR LE TRÉSOR.		ANNÉE DE CHAQUE PÉRIODE.			
			LA PLUS FORTE.		LA PLUS FAIBLE.	
	PENDANT LA PÉRIODE considérée.	MOYENNE annuelle.	ANNÉES.	PRODUITS.	ANNÉES.	PRODUITS.
	francs.	francs.		francs.		francs.
1876-1880..	12,723,900	2,544,800	1880	2,836,900	1876	2,169,100
1881-1885..	13,349,800	2,670,000	1881	3,005,700	1882	2,342,800
1886-1890..	17,560,900	3,512,200	1890	2,863,200	1887	1,964,800
1881-1895..	20,050,900	4,010,200	1891	2,705,800	1895	2,315,100

Comparées à 1882, les années déjà considérées accusent les résultats ci-après :

	CAPITAUX TAXÉS.	DROITS DE TRANSMISSION.
	francs.	francs.
1875..................	411,412,700	2,057,100
1882..................	468,557,800	2,342,800
1896..................	763,461,400	3,812,300

Comme pour les actions, le maximum a été obtenu en 1881 avec 3 millions 5,700 francs correspondant à 601,1 millions de capitaux taxés. L'accroissement représente 85.8 p. 100 entre 1875 et 1896.

Si nous complétons notre examen par 1859 et 1869, nous obtenons les constatations suivantes :

	CAPITAUX TAXÉS.	DROITS DE TRANSMISSION.
	francs.	francs.
1859..................	291,603,200	641,500
1869..................	425,752,200	979,200
1875..................	411,412,700	2,057,100
1882..................	468,557,800	2,342,800
1896..................	763,461,400	3,812,300

L'augmentation du capital-obligation, représenté par des titres nominatifs, ressort ainsi à 161.7 p. 0/0, pour 1896, par rapport à 1859; mais, contrairement à ce qui s'est produit pour le capital-action, l'accroissement, sauf entre 1869 et 1875, a subi une marche ascensionnelle constante.

De 1859 à 1895, le rendement de l'impôt s'est accru de 494.5 p. o/o, l'élévation du tarif et l'augmentation des capitaux imposables ont concouru à ce résultat.

III. — Droits de transmission sur les transferts et conversions d'actions et d'obligations nominatives.

PÉRIODES.	PRODUITS ENCAISSÉS PAR LE TRÉSOR.		ANNÉE DE CHAQUE PÉRIODE.			
			LA PLUS FORTE.		LA PLUS FAIBLE.	
	PENDANT LA PÉRIODE considérée.	MOYENNE annuelle.	ANNÉES.	PRODUITS.	ANNÉES.	PRODUITS.
	francs.	francs.		francs.		francs.
1876-1880..	27,223,900	5,444,800	1880	8,196,800	1876	4,150,400
1881-1885..	38,531,300	7,706,300	1881	12,419,500	1885	4,918,600
1886-1890..	29,163,200	5,832,600	1890	6,634,600	1886	5,166,700
1891-1895..	32,676,700	6,535,300	1891	6,766,100	1895	6,421,300

Actions et obligations réunies, les années déjà considérées, comparées à 1882, accusent les résultats ci-après :

	CAPITAUX TAXÉS.	DROITS DE TRANSMISSION.
	francs.	francs.
1875.................	845,684,400	4,228,400
1882.................	1,918,516,400	9,592,600
1896.................	1,166,892,100	5,829,500

Ainsi que nous l'avons vu, le maximum a été obtenu, en 1881, avec 12,419,500 francs correspondant à 4,909 millions 7 de capitaux taxés. L'accroissement est de 37.8 p. o/o pour 1896 par rapport à 1875, après avoir atteint, en 1882, jusqu'à 126.8 p. o/o.

En comprenant dans nos rapprochements 1859 et 1869, nous obtenons les constatations ci-après :

	CAPITAUX TAXÉS.	DROITS DE TRANSMISSION.
	francs.	francs.
1859.................	566,379,300	1,246,000
1869.................	1,014,971,800	2,334,400
1875.................	845,684,400	4,228,400
1882.................	1,918,516,400	9,592,600
1896.................	1,166,892,100	5,829,500

Les résultats fournis par les obligations nominatives compensent dans une large mesure ceux donnés par les actions. Par suite, au total, voyons-nous les capitaux représentés par des titres nominatifs accuser seulement en 1896, par rapport à 1859, une augmentation de 106 p. 0/0; pour l'impôt, la plus-value est de 367 p. 0/0; elle tient, ainsi que nous l'avons déjà fait remarquer, tant à l'élévation des tarifs qu'à l'augmentation de la valeur imposable.

IV. — Taxe annuelle de transmission sur les actions au porteur.

PÉRIODES.	PRODUITS ENCAISSÉS PAR LE TRÉSOR.		ANNÉE DE CHAQUE PÉRIODE.			
			LA PLUS FORTE.		LA PLUS FAIBLE.	
	PENDANT LA PÉRIODE considérée.	MOYENNE annuelle.	ANNÉES.	PRODUITS.	ANNÉES.	PRODUITS.
	francs.	francs.		francs.		francs.
1876-1880...	32,838,800	6,567,800	1880	8,229,400	1876	5,680,700
1881-1885...	62,211,700	12,442,300	1883	14,941,800	1881	9,819,500
1886-1890...	45,937,800	9,187,600	1887	9,285,700	1889	8,973,000
1891-1895...	53,272,500	10,654,500	1895	10,905,000	1891	10,207,000

Comparées à 1882, les années déjà considérées accusent les résultats ci-après :

	CAPITAUX TAXÉS.	TAXE DE TRANSMISSION.
	millions de francs.	francs.
1875	2,589,5	5,179,000
1882	6,317,4	12,634,800
1896	5,572,4	11,144,900

Pour cette catégorie de titres, le maximum a été atteint en 1883 avec 72,634,800 francs correspondant à 7,420 millions 9 de capitaux taxés. L'augmentation se chiffre pour 1896, par rapport à 1875, à 120.9 p. 0/0.

En complétant notre examen par 1859 et 1869, nous obtenons les constatations suivantes :

	CAPITAUX TAXÉS.	TAXE DE TRANSMISSION.
	millions de francs.	francs.
1859	2,220,1	2,930,500
1869	2,379,9	3,284,300
1875	2,589,5	5,179,000
1882	6,317,4	12,634,800
1896	5,572,4	11,144,900

Le capital-action, représenté par des titres au porteur, accuse en 1896, par rapport à 1859, une augmentation qui ne se chiffre pas à moins de 150.9 p. o/o, pour les capitaux taxés et de 280.3 p. o/o pour la taxe annuelle, en recul toutefois sur 1882.

V. — Taxe annuelle de transmission sur les obligations au porteur.

PÉRIODES.	PRODUITS ENCAISSÉS PAR LE TRÉSOR.		ANNÉE DE CHAQUE PÉRIODE.			
			LA PLUS FORTE.		LA PLUS FAIBLE.	
	PENDANT LA PÉRIODE considérée.	MOYENNE annuelle.	ANNÉES.	PRODUITS.	ANNÉES.	PRODUITS.
	francs.	francs,		francs.		francs.
1876-1880...	65,722,400	13,144,500	1880	14,060,300	1876	11,915,500
1881-1885...	72,382,800	14,476,600	1882	16,215,500	1885	13,331,300
1886-1890...	95,835,800	19,167,200	1890	19,964,900	1886	17,915,600
1891-1895...	98,681,200	19,736,200	1895	19,927,800	1891	19,449,500

Comparées à 1882, les années déjà considérées accusent les résultats ci-après :

	CAPITAUX TAXÉS.	TAXE DE TRANSMISSION.
	millions de francs.	francs.
1875....................	5,607,3	11,214,600
1882....................	8,107,7	16,215,500
1896....................	10,207,6	20,415,100

L'augmentation en faveur de 1896 se fixe à 82 p. o/o par rapport à 1859.

Si nous complétons notre examen par 1859 et 1869, nous obtenons les constatations suivantes :

	CAPITAUX TAXÉS.	TAXE ANNUELLE DE TRANSMISSION.
	millions de francs.	francs.
1859....................	1,077,9	1,422,900
1869....................	2,797,8	3,860,900
1875....................	5,607,3	11,214,600
1882....................	8,107,7	16,215,500
1896....................	10,207,6	20,415,100

Le capital-obligation, représenté par des titres au porteur, accuse en

1896, par rapport aux autres années considérées, une augmentation de 25.9 p. 0/0 sur 1882; — 82 p. 0/0 sur 1875; — 264.5 p. 0/0 sur 1869; — et 846.9 p. 0/0 sur 1859.

Quant à la taxe, le rendement s'en est accru, de 1859 à 1896, dans la proportion de 1 à 20.

VI. — Taxe annuelle de transmission sur les actions et obligations au porteur.

PÉRIODES.	PRODUITS ENCAISSÉS PAR LE TRÉSOR.		ANNÉE DE CHAQUE PÉRIODE.			
			LA PLUS FORTE.		LA PLUS FAIBLE.	
	PENDANT LA PÉRIODE considérée.	MOYENNE annuelle.	ANNÉES.	PRODUITS.	ANNÉES.	PRODUITS.
	francs.	francs.		francs.		francs.
1876-1880..	98,561,100	19,712,200	1880	22,289,700	1876	17,596,200
1881-1885..	134,594,600	26,918,900	1882	28,850,300	1881	23,642,000
1886-1890..	141,773,600	28,354,700	1890	29,124,300	1886	27,166,300
1891-1895..	151,953,700	30,390,700	1895	30,832,900	1891	29,656,500

Actions et obligations réunies, les années déjà considérées, comparées à 1882, accusent les résultats ci-après :

	CAPITAUX TAXÉS.	TAXE ANNUELLE DE TRANSMISSION.
	millions de francs.	francs.
1875	8,196,8	16,393,600
1882	14,425,1	28,850,300
1896	15,780,0	31,560,000

L'accroissement est de 92.5 p. 0/0 pour 1896 par rapport à 1875.

En comprenant dans nos rapprochements 1859 et 1869, nous obtenons les constatations ci-après :

	CAPITAUX TAXÉS.	TAXE ANNUELLE DE TRANSMISSION.
	millions de francs.	francs.
1859	3,298,0	4,353,400
1869	5,177,7	7,145,200
1875	8,196,8	16,393,600
1882	14,425,1	28,850,300
1896	15,780,0	31,560,000

Le mouvement des titres au porteur accuse, dans ces conditions, un accroissement de 9.3 p. 0/0 sur 1882; — 92.4 p. 0/0 sur 1875; — 205.9 p. 0/0 sur 1869, — et 378.4 p. 0/0 sur 1859.

La plus-value fournie par la taxe s'élève au taux considérable de 512.5 p. 0/0.

Nous résumerons dans un tableau d'ensemble, en les groupant par nature de titres, les droits encaissés par le Trésor, d'une part pour chacune des périodes examinées; d'autre part pour chacune des années déjà considérées.

I. — Droits de transmission répartis par nature de titres et par périodes quinquennales.

PÉRIODES.	ACTIONS.			OBLIGATIONS.			TOTAL GÉNÉRAL
	DROITS de transmission sur les transferts et conversions de titres nominatifs.	TAXE annuelle de transmission sur les titres au porteur.	TOTAL.	DROITS de transmission sur les transferts et conversions de titres nominatifs.	TAXE annuelle de transmission sur les titres au porteur.	TOTAL.	
	francs.	francs.	francs.	francs.	francs.	francs.	francs.
1876-1880 ...	14,500,000	32,838,800	47,338,700	12,723,900	65,722,400	78,446,300	125,785,100
1881-1885 ...	25,181,500	62,211,700	87,393,200	13,349,800	72,382,800	85,732,600	173,125,800
1886-1890 ...	11,602,300	45,937,800	57,540,100	17,560,900	95.835,800	113,396,700	170,936,800
1891-1895 ...	12,625,800	53,272,500	65,898,300	20,050,900	98,681,200	118,732,100	184,630,400

II. — Droits de transmission, répartis par nature de titres, perçus pour chacune des années 1859, 1869, 1875, 1882 et 1896.

ANNÉES.	ACTIONS.			OBLIGATIONS.			TOTAL GÉNÉRAL.
	DROITS de transmission sur les transferts et conversions de titres nominatifs.	TAXE annuelle de transmission sur les titres nominatifs.	TOTAL.	DROITS de transmission sur les transferts et conversions de titres nominatifs.	TAXE annuelle de transmission sur les titres au porteur.	TOTAL.	
	francs.	francs.	francs.	francs.	francs.	francs.	francs.
1859	604,500	2,930,500	3,535,000	641,500	1,422,900	2,064,400	5,599,400
1869	1,355,200	3,284,300	4,639,500	979,200	3,860,900	4,840,100	9,479,700
1875	2,171,300	5,179,000	7,350,300	2,057,100	11,214,600	13,271,700	20,622,000
1882	7,249,800	12,634,800	19,884,600	2,342,800	16,215,500	18,558,300	38,442,900
1896	2,017,800	11,144,900	13,162,100	3,812,300	20,415,100	24,228,400	37,389,500

Ces rapprochements de chiffres permettent de faire quelques constatations intéressantes :

Les actions concourent au produit total de l'impôt pour 63.1 p. o/o en 1859 ; — 49 p. o/o en 1869 ; — 35.6 p. o/o en 1875 ; — 51.7 p. o/o en 1882 ; — 35.2 p. o/o en 1896 ; — les obligations, pour 36.9 p. o/o en 1859 ; — 51 p. o/o en 1869 ; — 64.4 p. o/o en 1875 ; — 48.3 p. o/o en 1882 ; — 64.8 p. o/o en 1896.

Les droits perçus sur les actions nominatives entrent dans l'ensemble des droits perçus sur cette catégorie de titres pour 17.1 p. o/o en 1859 ; — 29.2 p. o/o en 1869 ; — 29.5 p. o/o en 1875 ; — 36.5 p. o/o en 1882 ; — 15.3 p. o/o en 1896. Les droits perçus sur les actions au porteur figurent dans le même total pour 82.9 p. o/o en 1859 ; — 70.8 p. o/o en 1869 ; — 70.5 p. o/o en 1875 ; — 63.5 p. o/o en 1882 ; — et 84.7 p. o/o en 1896.

Les droits perçus sur les obligations nominatives entrent, dans l'ensemble des droits perçus sur cette catégorie de titres pour 68.9 p. o/o en 1859 ; — 20.2 p. o/o en 1869 ; — 15.5 p. o/o en 1875 ; — 12.6 p. o/o en 1882 ; — 15.7 p. o/o en 1896.

Les droits perçus sur les obligations au porteur figurent dans le même total pour 31.1 p. o/o en 1859 ; — 79.8 p. o/o en 1869 ; — 84.5 p. o/o en 1875 ; — 87.4 p. o/o en 1882 ; — 84.3 p. o/o en 1896.

Enfin, le mouvement général de l'impôt se fixe, pour les années considérées, ainsi qu'il suit pour l'ensemble des droits.

ANNÉES.	TOTAL GÉNÉRAL DES DROITS DE TRANSMISSION sur les titres de toutes catégories.	DIFFÉRENCES PAR RAPPORT À L'ANNÉE considérée qui précède immédiatement.	DIFFÉRENCES PAR RAPPORT À 1859.
	francs.	p. 100.	p. 100.
1859	5,599,400	//	//
1869	9,479,700	+ 69.3	+ 69.3
1875	20,622,000	+ 117.5	+ 368.3
1882	38,442,900	+ 186.4	+ 686.6
1896	37,389,500	— 2.8	+ 667.7

III. — Taxe sur le revenu.

La taxe sur le revenu a été établie par la loi du 29 juin 1872.

Elle atteint aux termes de cette loi : les intérêts, dividendes, revenus, et tous autres produits des actions de toute nature, des sociétés, compagnies ou entreprises quelconques, financières, industrielles, commerciales ou civiles, quelle que soit l'époque de leur création; — les arrérages et intérêts annuels des emprunts et obligations des départements, communes et établissements publics, ainsi que des compagnies et entreprises quelconques, financières, industrielles, commerciales ou civiles; — les intérêts, produits et bénéfices annuels des parts d'intérêt et commandites dans les sociétés, compagnies et entreprises dont le capital n'est pas divisé en actions.

D'un autre côté, la loi du 21 juin 1875 a étendu l'application de la taxe aux lots et aux primes de remboursement payés aux créanciers et aux porteurs d'obligations, effets publics, et tous autres titres d'emprunt; celles des 28 décembre 1880 et 29 décembre 1884, aux congrégations religieuses et aux associations dont l'objet n'est pas de distribuer leurs revenus.

Fixée à 3 p. o/o en 1872, la quotité de la taxe sur le revenu a été portée à 4 p. o/o par la loi du 26 décembre 1890 à partir du 1er janvier 1891. Le fait générateur de l'impôt consistant dans la mise en distribution du revenu, la surtaxe de 1 p. o/o a atteint tous les dividendes, produits et revenus mis à la disposition des ayants droit à partir de la date d'application de la loi.

La taxe est avancée par les sociétés, compagnies, entreprises, départements, communes et établissements publics, et payée au bureau de l'enregistrement du siège social ou administratif désigné à cet effet, en quatre termes égaux, dans les vingt premiers jours des mois de janvier, avril, juillet et octobre.

C'est, on le voit, le système déjà adopté en matière de timbre et de droits de transmission.

Les *Comptes définitifs des recettes* mentionnent, depuis 1872, les encaissements du Trésor en distinguant entre les actions, les obligations, les parts d'intérêt et commandites; mais ils ne contiennent aucune indication jusqu'ici en ce qui touche, d'une part les lots et primes groupés avec les obligations, et d'autre part les droits acquittés par certaines collectivités inscrits en bloc avec ceux auxquels donnent lieu les parts d'intérêt et les commandites.

Nous utiliserons ces indications, comme nous l'avons fait plus haut, pour le timbre et les droits de transmission, étant observé que nous n'avons à nous occuper que des actions, obligations, lots et primes à l'exclusion des parts d'intérêt et commandites ainsi que des revenus de certaines collectivités.

Sous cette réserve, voici les chiffres pour chacune des périodes quinquennales que nous avons déjà considérées :

1. — Taxe sur le revenu des actions des sociétés.

PÉRIODES.	PRODUITS ENCAISSÉS PAR LE TRÉSOR.		ANNÉE DE CHAQUE PÉRIODE.			
			LA PLUS FORTE.		LA PLUS FAIBLE.	
	PENDANT la période considérée.	MOYENNE annuelle.	ANNÉES.	PRODUITS.	ANNÉES.	PRODUITS.
	francs.	francs.		francs.		francs.
1876-1880..	69,055,300	13,811,100	1880	16,318,900	1878	12,397,300
1881-1885..	100,160,300	20,032,100	1882	22,569,500	1885	16,883,300
1886-1890..	91,498,700	18,299,700	1890	19,090,800	1886	17,405,700
1891-1895..	124,565,600	24,913,100	1892	26,153,800	1894	24,020,000

Comparées à 1882, les années extrêmes connues accusent les résultats suivants :

	TAXE SUR LE REVENU.
	francs.
1875	14,143,700
1882	22,529,500
1896	25,135,500

L'augmentation dans le rendement de la taxe se chiffre par suite à 59 p. o/o de 1875 à 1882; — 11.3 p. o/o de 1881 à 1896; — 77.7 p. o/o de 1875 à 1896. Mais il convient de ne pas perdre de vue que l'augmentation de 1896 est le résultat de la surélévation du tarif dont la quotité, ainsi que nous l'avons vu, a été portée de 3 à 4 p. o/o en 1890. A 3 p. o/o, les produits encaissés en 1896 ne se seraient élevés qu'à 18,851,600 francs par suite du décroissement des revenus taxés.

Ces revenus sont en effet les suivants pour les années dont il s'agit :

	REVENUS TAXÉS.
	millions de francs.
1875	471,5
1882	752,3
1896	628,4

L'augmentation de la matière imposable se chiffrait à 59 p. o/o en 1882 par rapport à 1875, elle n'est plus que de 33.2 p. o/o en 1896; la diminution entre cette dernière année et 1882 est de 16.5 p. o/o.

II. — Taxe sur le revenu des obligations des sociétés et des titres d'emprunts des départements, communes et établissements publics.

PÉRIODES.	PRODUITS ENCAISSÉS PAR LE TRÉSOR.		ANNÉE DE CHAQUE PÉRIODE.			
			LA PLUS FORTE.		LA PLUS FAIBLE.	
	PENDANT la période considérée.	MOYENNE annuelle.	ANNÉES.	PRODUITS.	ANNÉES.	PRODUITS.
	francs.	francs.		francs.		francs.
1876-1880..	90,376,800	18,075,400	1880	18,567,500	1876	17,316,600
1881-1885..	102,188,500	20,437,700	1885	22,601,700	1881	18,212,900
1886-1890..	121,486,200	24,297,200	1887	25,136,900	1886	23,028,100
1891-1895..	165,425,700	33,085,100	1894	34,149,900	1891	32,332,800

Comparées à 1882, les années extrêmes considérées accusent les résultats ci-après :

	TAXE SUR LE REVENU.
	francs.
1875	16,707,900
1882	18,790,000
1896	34,363,800

L'augmentation dans le rendement de la taxe se chiffre ainsi à 12.4 p. o/o de 1875 à 1882; — 88.7 p. o/o de 1882 à 1896; — 106.5 p. o/o de 1875 à 1896. Elle serait seulement, pour cette dernière année, de 37.1 p. o/o par rapport à 1882 et 54.2 p. o/o par rapport à 1875 sans l'élévation du tarif.

Voici, en effet, les revenus taxés correspondants :

	REVENUS TAXÉS.
	millions de francs.
1875	556,9
1882	626,3
1896	859,1

Soit un accroissement de 12.4 p. o/o de 1875 à 1882; — 37.1 p. o/o de 1882 à 1896; — 54.1 p. o/o de 1875 à 1896.

III. — Taxe sur le revenu des actions et des obligations réunies.

PÉRIODES.	PRODUITS ENCAISSÉS PAR LE TRÉSOR.		ANNÉE DE CHAQUE PÉRIODE.			
			LA PLUS FORTE.		LA PLUS FAIBLE.	
	PENDANT la période considérée.	MOYENNE annuelle.	ANNÉES.	PRODUITS.	ANNÉES.	PRODUITS.
	francs.	francs.		francs.		francs.
1876-1880..	159,432,100	31,886,400	1880	34,886,400	1877	30,388,000
1881-1885..	202,348,800	40,469,800	1882	41,359,500	1885	39,485,000
1886-1890..	212,984,900	42,597,000	1888	43,881,700	1886	40,433,800
1891-1895..	289,991,300	57,998,300	1892	59,677,600	1895	56,852,700

Comparées à 1882, les années extrêmes considérées accusent les résultats ci-après :

	TAXE SUR LE REVENU.
	francs.
1875	30,851,600
1882	41,359,500
1896	59,499,300

Dans l'ensemble, l'augmentation dans le rendement de la taxe se fixe donc à 34 p. o/o de 1875 à 1882 et, par suite de l'élévation du tarif en 1890, à 43.8 p. o/o de 1882 à 1896; — 92.8 p. o/o de 1875 à 1896.

Les revenus taxés (actions et obligations) se sont élevés en effet aux chiffres suivants pour les années dont il s'agit :

	REVENUS TAXÉS.
	millions de francs.
1875	1,208,4
1882	1,378,7
1896	1,487,5

Soit un accroissement de 34 p. o/o pour 1882 par rapport à 1875; — 7.8 p. o/o pour 1896 par rapport à 1882; — et 44.6 p. o/o pour 1896 par rapport à 1875 [1].

[1] Ainsi que nous l'avons dit, les revenus des parts d'intérêt et commandites et ceux atteints par les lois de 1880 et 1884 ne rentrent pas dans le cadre de cette étude. Toutefois, afin qu'on puisse en rapprocher l'importance de ceux dont nous nous occupons, nous les avons inscrits dans le tableau annexe n° V.

IV. Impôt sur les opérations de bourse.

L'impôt sur les opérations de bourse a été substitué, par la loi de finances du 28 avril 1893, au droit de timbre qui frappait les bordereaux d'agents de de change.

L'impôt atteint toutes les négociations de valeurs de bourse, soit que les opérations aient pour objet l'achat ou la vente de ces valeurs au comptant, soit qu'elles soient traitées à terme.

Fixé, sans distinction quant à la nature des titres négociés, à 5 centimes par 1,000 francs ou fraction de 1,000 francs du montant de l'opération calculé d'après le taux de la négociation pour les opérations autres que celles de report, et à 2 centimes 1/2 pour celles-ci, le taux de l'impôt a été réduit des trois quarts pour les négociations portant sur les rentes françaises à partir du 1er janvier 1895 par la loi de finances du 29 décembre 1895, soit 6 centimes 1/4 et 3 centimes 12 dixièmes 1/2 par 1,000 francs de la valeur négociée.

Les *Comptes définitifs des recettes* ne mentionnent qu'en bloc les produits de l'impôt sur les opérations de bourse.

En 1896, les encaissements du Trésor se sont élevés à 5,066,300 francs pour les valeurs de toutes catégories.

On peut admettre, croyons-nous, que, dans ce total, les négociations d'actions et d'obligations françaises peuvent entrer pour 3 millions en chiffres ronds.

V. Résumé.

Nous résumerons en terminant, pour chacune des années considérées, la charge globale de l'impôt sur les actions et les obligations françaises :

DÉSIGNATION DES TAXES.	ANNÉES.		
	1875.	1882.	1896.
	millions de francs.	millions de francs.	millions de francs.
Droits de timbre	11,7	16,5	17,6
Droits de transmission	20,6	38,4	37,4
Taxe sur le revenu	32,3	43,7	62,1
Impôt sur les opérations de bourse	"	"	3,0
Totaux	64,6	98,6	120,1

L'importance de cette charge par rapport soit aux revenus, soit aux capitaux taxés, ne saurait manquer de retenir sérieusement l'attention.

Tableau n° 1.

Droits de timbre sur les valeurs mobilières françaises.

Droits de toute catégorie.

ANNÉES.	PRODUITS DE L'IMPÔT.			
	ACTIONS.	OBLIGATIONS.	LETTRES DE GAGE du Crédit foncier.	TOTAL.
	francs.	francs.	francs.	francs.
1875	3,006,800	8,662,000	38,800	11,707,600
1876	3,053,800	8,975,500	16,400	12,045,700
1877	3,034,300	9,262,600	23,300	12,320,200
1878	3,106,500	9,567,200	30,500	12,704,200
1879	3,375,500	9,720,700	35,500	13,131,700
1880	4,316,200	10,046,900	68,000	14,431,100
1881	5,057,900	10,248,800	99,800	15,406,500
1882	6,033,200	10,434,600	97,500	16,535,300
1883	5,868,000	10,557,600	97,600	16,543,200
1884	5,440,600	11,204,500	98,300	16,743,400
1885	4,994,900	11,753,800	354,000	17,102,700
1886	4,726,500	11,904,700	132,800	16,764,000
1887	4,519,000	12,751,800	109,100	17,379,900
1888	4,305,500	12,848,500	411,500	17,565,500
1889	4,138,000	12,107,400	106,800	16,352,200
1890	4,215,200	12,729,800	105,900	17,050,900
1891	4,254,800	12,659,500	305,400	17,219,700
1892	4,546,800	12,592,600	125,000	17,264,400
1893	5,053,200	12,748,800	10,000	17,812,000
1894	4,889,600	12,415,900	5,000	17,310,500
1895	4,527,700	12,334,700	125,000	16,987,400
1896 [1]	4,552,500	9,870,700 12,576,400	501,200	14,924,400 17,630,100

[1] Il a été imputé sur l'exercice 1896 une somme de 2,705,700 francs dont il convient de faire état pour déterminer les forces réelles de l'exercice et assurer une comparaison exacte des résultats.

Tableau n° 2.

DÉVELOPPEMENT DES DROITS DE TIMBRE SUR LES VALEURS MOBILIÈRES FRANÇAISES.

Droits de timbre au comptant.

ANNÉES.	PRODUITS DE L'IMPÔT.			
	ACTIONS.	OBLIGATIONS.	LETTRES DE GAGE du Crédit foncier.	TOTAL.
	francs.	francs.	francs.	francs.
1875	57,600	28,200	"	85,800
1876	31,500	31,800	"	63,300
1877	30,600	33,800	"	64,400
1878	21,400	21,700	"	43,100
1879	30,100	20,300	"	50,400
1880	333,600	22,800	"	356,400
1881	41,200	22,500	"	63,700
1882	40,600	26,800	"	67,400
1883	20,300	29,100	"	49,400
1884	23,100	25,100	"	48,200
1885	24,800	53,700	250,000	328,500
1886	24,200	28,600	22,800	75,600
1887	33,900	146,500	"	180,400
1888	57,400	21,400	303,800	382,600
1889	28,600	28,900	"	57,500
1890	22,200	18,100	"	40,300
1891	29,400	23,700	200,000	253,100
1892	30,700	10,300	125,000	166,000
1893	32,300	7,300	10,000	49,600
1894	43,100	6,100	5,000	54,200
1895	29,200	53,800	125,000	208,000
1896	27,800	6,600	501,200	535,600

Tableau n° 3.

DÉVELOPPEMENT DES DROITS DE TIMBRE
SUR
LES VALEURS MOBILIÈRES FRANÇAISES. — DROITS PERÇUS
PAR ABONNEMENT.

Tableau III.

Développement des droits de timbre sur les valeurs mobilières françaises. — Droits perçus par abonnement.

ANNÉES.	CAPITAUX TAXÉS.			
	ACTIONS.	OBLIGATIONS.	LETTRES DE GAGE du CRÉDIT FONCIER [1].	TOTAL.
1	2	3	4	5
	francs.	francs.	francs.	francs.
1875	4,915,320,000	14,389,591,700	776,400,000	20,081,311,700
1876	5,037,306,700	14,905,971,700	327,800,000	20,271,078,400
1877	5,006,111,700	15,381,445,000	465,180,000	20,852,736,700
1878	5,141,786,700	15,909,225,000	610,040,000	21,661,051,700
1879	5,575,525,000	16,167,376,700	710,760,000	22,453,661,700
1880	6,637,663,300	16,706,756,700	1,360,040,000	24,704,460,000
1881	8,361,263,300	17,043,810,000	1,995,960,000	27,401,033,300
1882	9,937,643,300	17,346,221,700	1,955,080,000	29,238,945,000
1883	9,746,290,000	17,580,705,000	1,951,620,000	29,278,615,000
1884	9,029,146,700	18,632,423,300	1,965,160,000	29,626,730,000
1885	8,283,451,700	19,500,120,000	2,080,620,000	29,864,191,700
1886	7,837,038,300	19,793,525,000	2,200,820,000	29,831,383,300
1887	7,475,178,300	21,008,881,700	2,181,000,000	30,665,060,000
1888	7,080,100,000	21,378,438,300	2,155,780,000	30,614,368,300
1889	6,848,981,700	20,130,860,000	2,136,140,000	29,115,981,700
1890	6,988,366,700	21,186,228,300	2,117,380,000	30,291,975,000
1891	7,042,280,000	21,059,770,000	2,107,760,000	30,209,810,000
1892	7,526,630,000	20,970,703,300	»	28,497,333,300
1893	8,368,120,000	21,235,861,700	»	29,603,981,700
1894	8,077,680,000	20,682,868,300	»	28,760,548,300
1895	7,497,538,100	20,468,120,400	»	27,965,658,500
1896 [2]	7,541,250,000	16,440,699,700 20,950,199,700	»	23,981,949,700 28,491,449,700

PRODUITS DE L'IMPÔT.				ANNÉES.
ACTIONS.	OBLIGATIONS.	LETTRES DE GAGE du CRÉDIT FONCIER.	TOTAL.	
6	7	8	9	10
francs.	francs.	francs.	francs.	
2,949,200	8,633,800	38,800	11,621,800	1875
3,022,400	8,943,600	16,400	11,982,400	1876
3,003,700	9,228,900	23,200	12,255,800	1877
3,085,100	9,545,500	30,500	12,661,100	1878
3,345,300	9,700,400	35,600	13,081,300	1879
3,982,600	10,024,100	68,000	14,074,700	1880
5,016,700	10,226,300	99,800	15,342,800	1881
5,962,600	10,407,700	97,600	16,467,900	1882
5,847,800	10,548,400	97,600	16,493,800	1883
5,417,500	11,179,400	98,300	16,695,200	1884
4,970,100	11,700,100	104,000	16,774,200	1885
4,702,200	11,876,100	110,100	16,688,400	1886
4,485,100	12,605,300	109,100	17,199,500	1887
4,248,000	12,827,100	107,800	17,182,900	1888
4,109,400	12,078,500	106,800	16,294,700	1889
4,193,000	12,711,700	105,900	17,010,600	1890
4,225,400	12,635,800	105,400	16,966,600	1891
4,516,000	12,582,400	»	17,098,400	1892
5,020,900	12,741,500	»	17,762,400	1893
4,846,600	12,409,700	»	17,256,300	1894
4,498,500	12,280,900	»	16,779,400	1895
4,524,700	9,864,100 12,569,800	»	14,398,800 17,104,500	1896

[1] En l'absence de résultats distincts par tarif (5 cent. p. o/oo pour les lettres de gage émises depuis le 24 mai 1872 et 2 cent. p. o/oo pour celles émises antérieurement à cette date), nous avons uniformément capitalisé l'impôt au tarif actuel de 5 cent. p. o/oo. Ce mode de procéder a pour conséquence une certaine atténuation des capitaux imposables qu'il convient de noter.

[2] Il a été imputé sur l'exercice 1896 une somme de 2,705,700 francs dont il convient de faire état pour déterminer les forces réelles de l'exercice et assurer une comparaison exacte des résultats. Cette somme correspond à un capital imposable de 4,509.5 millions.

Tableau IV.

II. Droits de transmission sur les valeurs mobilières françaises de 1875 à 1896.

ANNÉES.	CAPITAUX TAXÉS.						PRODUITS DE L'IMPÔT.						
	TITRES NOMINATIFS.			TITRES AU PORTEUR.			DROITS DE TRANSFERT OU DE CONVERSION. (Titres nominatifs.)			TAXE ANNUELLE DE TRANSMISSION. (Titres au porteur.)			TOTAL GÉNÉRAL.
	ACTIONS.	OBLIGATIONS.	TOTAL.	ACTIONS.	OBLIGATIONS.	TOTAL.	ACTIONS.	OBLIGATIONS.	TOTAL.	ACTIONS.	OBLIGATIONS.	TOTAL.	
1	2	3	4	5	6	7	8	9	10	11	12	13	14
	francs.	francs.	francs.	francs.	francs.	francs.	francs.	francs.	francs.	francs.	francs.	francs.	francs.
1859	274,776,100	291,603,200	566,379,300	2,220,076,000	1,077,921,700	3,297,997,700	604,500	641,500	1,246,000	2,930,500	1,422,900	4,353,400	5,599,400
1869	589,219,600	425,752,200	1,014,971,800	2,379,907,200	2,797,803,900	5,177,711,200	1,355,200	979,200	2,334,400	3,284,300	3,860,900	7,145,200	9,479,700
1875	434,271,700	411,412,700	845,684,400	2,589,525,900	5,607,278,100	8,196,804,000	2,171,300	2,057,100	4,228,400	5,179,000	11,214,600	16,393,600	20,622,000
1876	396,259,300	433,823,200	830,082,500	2,840,362,300	5,957,756,900	8,798,119,200	1,981,300	2,169,100	4,150,400	5,680,700	11,915,500	17,596,200	21,746,600
1877	383,440,100	489,097,900	872,538,000	2,945,212,600	6,364,847,000	9,310,059,500	1,917,200	2,445,500	4,362,700	5,890,400	12,729,700	18,620,100	22,982,800
1878	427,634,600	491,468,000	919,102,600	3,101,839,400	6,634,891,100	9,736,730,500	2,138,200	2,457,300	4,595,500	6,203,700	13,269,800	19,473,500	24,069,000
1879	620,690,300	563,000,300	1,183,690,600	3,417,273,600	6,873,531,800	10,290,805,400	3,103,500	2,815,000	5,918,500	6,834,500	13,747,100	20,581,600	26,500,100
1880	1,071,983,500	567,386,600	1,639,370,100	4,114,683,600	7,030,199,000	11,144,857,600	5,359,900	2,837,000	8,196,900	8,229,400	14,060,300	22,289,700	30,486,600
1881	1,882,754,800	601,136,200	2,483,891,000	4,909,734,500	6,911,261,800	11,820,996,300	9,413,800	3,005,700	12,419,500	9,819,500	13,822,500	23,642,000	36,061,500
1882	1,449,958,600	468,557,800	1,918,516,400	6,317,382,900	8,107,747,500	14,425,130,400	7,249,800	2,342,800	9,592,600	12,634,800	16,215,500	28,850,300	38,442,900
1883	614,533,600	570,743,600	1,135,277,200	7,420,880,700	6,712,467,800	14,133,348,500	3,072,700	2,603,700	5,676,400	14,941,800	13,424,900	28,366,700	34,043,100
1884	662,241,700	522,605,500	1,184,847,300	5,495,284,700	7,794,280,400	13,289,565,100	3,311,200	2,613,000	5,924,200	10,990,600	15,588,600	26,579,200	32,503,400
1885	426,806,900	556,911,800	983,718,700	6,912,587,200	6,665,655,700	13,578,242,900	2,134,000	2,784,600	4,918,600	13,825,900	13,331,300	27,156,500	32,075,100
1886	417,840,400	615,493,300	1,033,333,700	4,625,336,000	8,957,822,200	13,583,158,200	2,089,200	3,077,500	5,166,700	9,250,700	17,915,600	27,116,300	32,833,000
1887	392,952,800	679,730,000	1,072,682,800	4,642,864,700	9,559,536,500	14,202,401,200	1,964,800	3,398,600	5,363,400	9,285,700	19,119,100	28,404,800	33,768,200
1888	449,851,000	710,081,200	1,159,932,200	4,634,497,800	9,896,225,800	14,530,723,600	2,249,300	3,550,400	5,799,700	9,269,000	19,792,400	29,061,400	34,861,100
1889	487,178,100	752,591,200	1,239,769,300	4,486,475,700	9,521,851,400	14,008,327,100	2,435,900	3,763,000	6,198,800	8,973,000	19,043,700	28,016,700	34,215,500
1890	572,616,500	754,294,400	1,326,910,900	4,579,730,600	9,982,444,700	14,662,175,300	2,863,200	3,771,400	6,634,600	9,159,500	19,964,900	29,124,400	35,759,000
1891	541,157,500	812,059,000	1,353,216,500	5,103,497,100	9,724,751,400	14,828,248,500	2,705,800	4,060,300	6,766,100	10,207,000	19,449,500	29,656,500	36,422,600
1892	505,167,600	788,055,900	1,293,223,500	5,323,479,400	9,795,327,200	15,118,806,700	2,525,800	3,940,300	6,466,100	10,647,000	18,590,700	30,237,700	36,703,800
1893	518,231,500	776,689,400	1,294,920,900	5,405,891,100	9,889,688,700	15,295,579,800	2,591,200	3,883,400	6,474,600	10,811,800	19,779,400	30,591,200	37,065,800
1894	497,594,200	812,123,800	1,309,717,500	5,350,841,300	9,966,933,600	15,317,774,900	2,488,000	4,060,600	6,548,600	10,701,700	19,933,800	30,635,500	37,184,100
1895	463,012,700	821,253,500	1,284,265,200	5,452,524,500	9,963,919,900	15,416,644,400	2,315,000	4,106,300	6,421,300	10,905,100	19,927,800	30,832,900	37,254,200
1896 [1]	403,430,700	712,081,400 763,461,400	1,115,512,100 1,166,892,100	5,572,426,300	10,207,567,000	15,779,993,300	2,017,200	3,560,400 3,812,300	5,577,600 5,829,500	11,144,900	20,415,100	31,560,000	37,137,600 37,389,500

[1] Il a été imputé sur l'exercice 1896 une somme de 251,900 francs dont il convient de faire état pour déterminer les forces réelles de l'exercice et assurer une comparaison exacte des résultats.

Tableau V.

III. Taxe sur le revenu des valeurs mobilières et les revenus de certaines collectivités. (Valeurs françaises.)

ANNÉES.	REVENUS TAXÉS.				
	ACTIONS DES SOCIÉTÉS.	OBLIGATIONS DES SOCIÉTÉS, titres d'emprunts des départements, communes et établissements publics.	TOTAL. (Actions et obligations.)	PARTS D'INTÉRÊT et COMMANDITES.	TOTAL GÉNÉRAL.
1	2	3	4	5	6
	francs.	francs.	francs.	francs.	francs.
1872	80,044,700	104,344,100	184,388,800	6,974,400	191,363,200
1873	437,064,000	504,467,000	941,531,000	47,871,300	989,402,300
1874	509,907,700	514,114,700	1,024,022,400	46,267,800	1,070,290,200
1875	471,458,000	556,930,000	1,028,388,000	49,216,900	1,077,604,900
1876	455,863,200	577,221,200	1,033,084,400	61,162,500	1,094,246,900
1877	422,741,400	590,191,200	1,012,932,600	56,946,800	1,069,879,400
1878	413,245,300	608,343,300	1,021,588,600	50,806,000	1,072,394,600
1879	466,028,600	617,890,900	1,083,919,500	55,988,300	1,139,907,800
1880	543,964,200	618,915,700	1,162,879,900	59,053,900	1,221,933,800
1881	711,540,800	607,097,000	1,318,637,800	64,635,000	1,383,272,800
1882	752,318,500	626,332,200	1,378,650,700	79,433,900	1,458,084,600
1883	708,600,700	685,200,100	1,393,800,800	74,040,000	1,467,840,800
1884	603,442,300	734,262,800	1,337,705,100	92,710,500	1,430,415,600
1885	562,775,500	753,389,400	1,316,164,900	80,550,500	1,396,715,400
1886	580,190,000	767,605,400	1,347,795,400	110,609,500	1,458,404,900
1887	605,854,900	819,029,700	1,424,884,600	87,467,100	1,512,351,700
1888	624,858,700	837,865,500	1,462,724,200	95,006,800	1,557,731,000
1889	602,692,000	810,461,800	1,413,153,800	87,441,000	1,500,594,800
1890	636,360,700	814,577,700	1,450,938,400	93,637,300	1,544,575,700
1891 [1]	644,033,500	808,320,000	1,452,353,500	90,250,700	1,542,604,200
1892	653,844,800	838,095,800	1,491,940,600	94,992,900	1,586,933,500
1893	612,131,800	817,791,200	1,429,923,000	97,766,400	1,527,689,400
1894	600,501,100	853,747,500	1,454,248,600	66,167,200	1,520,415,800
1895	603,628,300	817,690,000	1,421,318,300	85,843,000	1,507,161,300
1896 [2]	628,388,500	742,029,200 [2] 859,094,200	1,370,417,700 1,487,482,700	64,237,400	1,434,655,100 [2] 1,551,720,100

DROITS CONSTATÉS AU PROFIT DU TRÉSOR.					ANNÉES.
ACTIONS DES SOCIÉTÉS.	OBLIGATIONS DES SOCIÉTÉS, titres d'emprunts des départements, communes et établissements publics.	TOTAL. (Actions et obligations.)	PARTS D'INTÉRÊTS et COMMANDITES.	TOTAL GÉNÉRAL.	
7	8	9	10	11	12
francs.	francs.	francs.	francs.	francs.	
2,401,400	3,130,800	5,531,700	209,200	5,740,900	1872
13,111,900	15,134,000	28,245,900	1,436,200	29,682,100	1873
15,297,200	15,423,500	30,720,700	1,388,000	32,108,700	1874
14,143,700	16,707,900	30,851,600	1,476,500	32,328,100	1875
13,675,909	17,316,600	30,992,500	1,834,900	32,827,400	1876
12,682,300	17,705,700	30,388,000	1,708,400	32,096,400	1877
12,397,300	18,250,300	30,647,600	1,524,200	32,171,800	1878
13,980,900	18,536,700	32,517,600	1,679,600	34,197,200	1879
16,318,900	18,567,500	34,886,400	1,771,600	36,658,000	1880
21,346,200	18,212,900	39,559,100	1,939,100	41,498,200	1881
22,569,500	18,790,000	41,359,500	2,383,000	43,742,500	1882
21,258,000	20,556,000	41,814,000	2,221,200	44,035,200	1883
18,103,300	22,027,900	40,131,200	2,781,300	42,912,500	1884
16,883,300	22,601,700	39,485,000	2,416,500	41,901,500	1885
17,405,700	23,028,100	40,433,800	3,318,300	43,752,100	1886
18,175,700	24,570,900	42,746,600	2,624,000	45,370,600	1887
18,745,700	25,136,000	43,881,700	2,850,200	46,731,900	1888
18,080,800	24,313,800	42,394,600	2,623,200	40,017,800	1889
19,090,800	24,437,400	43,528,200	2,809,100	46,337,300	1890
25,761,400	32,332,800	58,094,200	3,610,000	61,704,200	1891
26,153,800	33,523,800	59,677,600	3,799,700	63,477,300	1892
24,485,300	32,711,600	57,196,900	3,910,700	61,107,600	1893
24,020,000	34,149,900	58,169,900	2,646,700	60,816,600	1894
24,145,100	32,707,600	56,852,700	3,433,700	60,286,400	1895
25,135,500	29,681,200 [2] 34,363,800	54,816,700 59,499,300	2,569,500	57,386,200 [2] 62,068,800	1896

[1] Le taux de la taxe a été porté de 3 à 4 p. 0/0, à partir de 1891, par la loi du 26 décembre 1890.

[2] Le décroissement de 1896 n'est qu'apparent. Il résulte d'une imputation de 4,682,600 francs, correspondant à un revenu imposable de 117,065,000 francs.

www.ingramcontent.com/pod-product-compliance
Lightning Source LLC
LaVergne TN
LVHW020308230826
846091LV00006B/2589

* 9 7 8 2 0 1 3 6 5 1 0 2 8 *